Dakota County Library
1340 Wescott Road
Eagan, MN   55123

W9-CKH-161

Colores

Amarillo

Nancy Harris

Heinemann Library
Chicago, Illinois

HEINEMANN-RAINTREE

TO ORDER:
☎ Call Customer Service (Toll-Free) **1-888-454-2279**
💻 Visit **heinemannraintree.com** to browse our catalog and order online.

©2008 Heinemann-Raintree
a division of Pearson Education Limited
Chicago, Illinois

All rights reserved. No part of this publication may be reproduced or transmitted in any form or by any means, electronic or mechanical, including photocopying, recording, taping, or any information storage and retrieval system, without permission in writing from the publisher.

Editorial: Rebecca Rissman
Design: Kimberly R. Miracle and Joanna Hinton-Malivoire
Photo Research: Tracy Cummins and Tracey Engel
Production: Duncan Gilbert

Originated by Dot
Printed and bound by South China Printing Company
Translation into Spanish by Double O Publishing Services
The paper used to print this book comes from sustainable resources.

ISBN-13: 978-1-4329-1889-7 (hc)
ISBN-10: 1-4329-1889-3 (hc)
ISBN-13: 978-1-4329-1899-6 (pb)
ISBN-10: 1-4329-1899-0 (pb)

12 11 10 09 08
10 9 8 7 6 5 4 3 2 1

Library of Congress Cataloging-in-Publication Data

Harris, Nancy, 1956-
  [Yellow. Spanish]
  Amarillo / Nancy Harris.
    p. cm. -- (Colores)
  Includes index.
  ISBN 978-1-4329-1889-7 (hardcover) -- ISBN 978-1-4329-1899-6 (pbk.)
  1. Yellow--Juvenile literature. 2. Color--Juvenile literature. I. Title.

QC495.5.H37918 2008
535.6--dc22

                    2008040932

Acknowledgments
The author and publisher are grateful to the following for permission to reproduce material: ©Alamy **pp. 5** Bottom Right, **20, 22d, 23b** (Egmont Strigl); ©dreamstime.com **pp. 14, 23a** (Basslinegfx); ©Getty Images **pp. 11** (Royalty Free), **16** (GK Hart/Vikki Hart); ©istockphoto **pp. 4** Top Left (Willi Schmitz), **4** Top Right (Gasparetz Attila), **5** Bottom Left (Steve Dibblee), **5** Bottom Middle (Moritz von Hacht), **5** Top Right (Viktor Neimanis), **9** (robh), **13** (Annmarie Collette), **15** (Gez Browning), **21** (Reuben Schulz); ©Shutterstock **pp. 4** Bottom Left (Elen), **4** Bottom Middle (LouLouPhotos), **4** Bottom Right, **12, 22b** (Ariusz Nawrocki), **5** Top Left (Morozova Tatyana), **5** Top Middle, **6** (Konstantin Sutyagin), **7** (Anette Linnea Rasmussen), **10, 22a** (Gnuskin Petr), **17** (emin kuliyev), **18, 22c** (mdd), **19** (aaaah); ©SuperStock **pp. 4** Top Middle (Photographers Choice RF), **8** (Digital Vision Ltd.).

Cover photograph reproduced with permission of ©Getty Images/ Minden Pictures/Konrad Wothe.

Back cover photograph reproduced with permission of ©istockphoto/ Jim Jurica.

The publishers would like to thank Nancy Harris for her assistance in the preparation of this book.

Every effort has been made to contact copyright holders of any material reproduced in this book. Any omissions will be rectified in subsequent printings if notice is given to the publisher.

Disclaimer
All the Internet addresses (URLs) given in this book were valid at the time of going to press. However, due to the dynamic nature of the Internet, some addresses may have changed, or sites may have changed or ceased to exist since publication. While the author and publisher regret any inconvenience this may cause readers, no responsibility for any such changes can be accepted by either the author or the publisher.

Contenido

Amarillo

¿Son amarillas todas las plantas?
¿Son amarillos todos los animales?

¿Son amarillas todas las rocas?
¿Son amarillos todos los suelos?

Plantas

Algunas hojas son amarillas.

Algunas hojas no son amarillas.

Algunos tallos son amarillos.

Algunos tallos no son amarillos.

Algunas flores son amarillas.

Algunas flores no son amarillas.

Animales

Algunas plumas son amarillas.

Algunas plumas no son amarillas.

Algunas escamas son amarillas.

Algunas escamas no son amarillas.

Algunos pelajes son amarillos.

Algunos pelajes no son amarillos.

Rocas

Algunas rocas son amarillas.

Algunas rocas no son amarillas.

Suelo

Algunos suelos son amarillos.

Algunos suelos no son amarillos.

¿Qué aprendiste?

 Algunas plantas son amarillas.

 Algunos animales son amarillos.

 Algunas rocas son amarillas.

 Algunos suelos son amarillos.

Glosario ilustrado

 **escama** lámina pequeña que cubre el cuerpo de algunos animales

 **suelo** mezcla de rocas pequeñas y plantas muertas. Las plantas crecen en el suelo.

Vocabulario para maestros

capa protectora del cuerpo	cobertura exterior, como la piel o las escamas, que protege a un animal
color	depende de la luz que el objeto refleja o absorbe

Índice

Nota a padres y maestros

Antes de leer:

Hable con los niños sobre los colores. Explique que hay muchos colores diferentes y que cada color tiene un nombre. Use una rueda de colores u otra tabla de colores simple para señalar el nombre de cada color. Luego, pida a los niños que hagan una lista de los colores que ven. Una vez completada la lista, pídales que comenten los resultados.

Después de leer:

Explique a los niños que el amarillo es un color primario. No se puede obtener mezclando otros colores. Luego, explique que el amarillo se puede mezclar con otros colores primarios para crear los colores secundarios. Muestre a los niños que el amarillo y el rojo forman el naranja, mientras que el amarillo y el azul forman el verde.